A. M. D. G.

Une
NOUVELLE ÉCOLE LIBRE

de Petits Garçons

A

SAINT-RAMBERT-SUR-LOIRE (Loire)

LA BÉNÉDICTION SOLENNELLE

PAR

Mʳ le Chanoine *BONNARDET*, Vicaire général de Lyon.

le 15 Octobre 1899

LYON

E. VITTE, ÉDITEUR, 3, PLACE BELLECOUR

1900

Une

NOUVELLE ÉCOLE LIBRE

Ouvrages de M. l'abbé SIGNERIN

LA NOUVELLE ÉCOLE LIBRE DE SAINT-RAMBERT-SUR-LOIRE 1898-1899

A. M. D. G.

Une

NOUVELLE ÉCOLE LIBRE

de Petits Garçons

À

SAINT-RAMBERT-SUR-LOIRE (Loire)

LA BÉNÉDICTION SOLENNELLE

PAR

Mᵣ le Chanoine BONNARDET, Vicaire général de Lyon.

le 15 Octobre 1899

LYON

E. VITTE, ÉDITEUR, 3, PLACE BELLECOUR

1900

Aux bienfaiteurs

DE L'ÉCOLE LIBRE DES PETITS GARÇONS
DE SAINT-RAMBERT-SUR-LOIRE

Aux élèves des petits Frères de Marie.

Aux parents des jeunes élèves.

A tous les amis

DE L'ÉCOLE LIBRE DE SAINT-RAMBERT-SUR-LOIRE

CHAPITRE UNIQUE

§ I

L'école chrétienne est l'œuvre de l'Eglise. — Coup d'œil rétrospectif sur le passé. (1).

La question de l'enseignement et de l'éducation. est la grande, l'importante question du jour, celle dont la solution tient la plus large place dans les préoccupations de la société actuelle.

Aussi bien, depuis tantôt un demi-siècle, que de programmes d'études attrayants, que de systèmes ingénieux mis à la disposition de la gent écolière, afin de lui faciliter l'entrée du temple d'Apollon !

Quel choix délicat de maitres, quelle opulence dans les classes et quel luxe dans le mobilier, pour séduire l'élève, faire disparaître toute monotonie du travail, et donner un peu de saveur à cette écorce, toujours un peu amère, du fruit qu'on appelle : *la Science*.

Mais pourquoi toutes ces innovations, pourquoi toutes ces transformations, en matière d'enseignement et d'éducation?

(1) Cf. Le chapitre XI de l'histoire de Chevrières (Loire), par M. l'abbé Signerin, 1894.

L'ancienne manière de développer les intelligences et de former les cœurs aurait-elle vieilli?

Aurait-on constaté, en notre siècle de progrès, que les siècles antérieurs à la grande Révolution, n'ont produit que l'ignorance et l'obscurantisme?

Ou bien, l'Eglise infidèle à la mission que lui a confiée le divin Maître, d'enseigner les peuples (1), ne serait-elle plus la gardienne de la science (2)? — Se serait-elle montrée, dans ce xixe siècle, l'ennemie de la lumière et du progrès?

Non, les siècles qui ont précédé le nôtre n'ont pas été des siècles d'obscurantisme et d'ignorance. Les nombreux et remarquables monuments dont ils ont enrichi nos cités, nos places publiques, nos musées, nos bibliothèques, prouvent, mieux que tous les longs arguments, que les arcanes de la science leur étaient familiers, et que les arts ne leur cachaient plus de secrets.

Non, l'Eglise n'a jamais failli à sa mission sainte d'enseigner la vérité, d'éclairer les ombres de la science avec les lumières de la foi, de procurer enfin, aux humbles comme aux grands, les bienfaits de cette vérité, les bénéfices de cette science dont elle est, et demeurera à jamais, la gardienne et la dépositaire.

Et, pour réduire à néant l'odieuse accusation que la libre-pensée ose jeter à la face de cette

---

(1) Euntes ergo, docete omnes gentes (Math., xxviii, 19).
(2) Labia Sacerdotis custodient Scientiam. (Malach, ii,7.)

Eglise, la grande bienfaitrice de l'humanité, il suffit d'ouvrir l'histoire impartiale des nations et de leurs gouvernements. On y verra que, dès le principe, et toujours à travers tous les siècles, l'Eglise, de concert avec les chefs des Etats, s'est ardemment occupée de l'instruction du peuple.

Ils sont innombrables, dans nos archives et nos bibliothèques nationales, les documents authentiques à l'appui de ce que nous avançons.

Mais notre but n'est point, ici, de traiter d'une manière complète la question si complexe de l'enseignement.

Nous nous bornerons à constater, documents en mains, que dès longtemps, notre cité forézienne a goûté les bienfaits de l'instruction.

En effet, en compulsant les vieux parchemins, en consultant nos régistres de catholicité, nous avons découvert que, déjà au xvii° siècle, les écoles de l'un et de l'autre sexe étaient florissantes, à Saint-Rambert. D'où l'on peut conclure que leur fondation devait être déjà ancienne, à l'époque dont nous voulons parler. Car, les commencements de toute œuvre utile sont généralement ardus et pénibles. Il se passe, souvent, bien des jours avant que la semence jetée en terre, ait acquis sa croissance et son développement,

Voici les noms de quelques-uns des maîtres et maîtresses d'école qui pendant les deux siècles derniers ont rempli, dans notre cité, la tâche diffi-

cile, ingrate, d'humbles éducateurs de l'enfance.
Nous leur devons un hommage public de reconnaissance, pour le dévouement qu'ils ont mis à
développer l'intelligence et à former le cœur de
leurs élèves, nos ancêtres.

A cette époque, où la religion tenait à l'école
la première place, le catéchisme était l'abécédaire
où l'enfant apprenait à la fois à aimer son Dieu,
sa famille et son pays.

Maîtres d'école.

1684. — Claude Dubois.
1704. — Pierre Gérentet.
1725. — François Quinaud.
1726. — Jean Barrault.
1733-1759. — Rambert Chovin.

Maîtresses d'école.

1692. — Jeanne Vivier, religieuse de la Charité du Très-Saint-Sacrement.

1700. — Renée Gay, religieuse de la Charité
du Très-Saint-Sacrement.

1708. — Claudine-Marie Orard, religieuse de
la Charité du Très-Saint-Sacrement.

1721. — Catherine Carrier, religieuse de la
Charité du Très-Saint-Sacrement.

1780. — Antoinette-Marie Bonnardel, religieuse de la Congrégation de Saint-Joseph.

Nous nous contentons de cette nomenclature

abrégée, nous réservant de la compléter plus tard, lorsque dans un ouvrage que nous préparons, nous aurons l'occasion de traiter l'intéressante question des écoles, dans notre ville, depuis les temps les plus reculés jusqu'à nos jours.

§ II

L'Ancienne Ecole. — Sa fondation.

Ce ne fut qu'en Octobre 1855, que les Petits frères de Marie, vinrent s'installer à Saint-Rambert-sur-Loire, et y prendre la direction de l'Ecole communale.

Nous devons la présence, au milieu de nous, de ces humbles et dévoués religieux qui, depuis près d'un demi-siècle, font le bien avec tant d'abnégation; à l'excellent M. Anier, curé-archiprêtre, dont la bonté généreuse, l'esprit sacerdotal, et le profond dévouement à ses chers paroissiens, sont encore présents à la mémoire de nos vieillards (1).

Quant à M. Louis Gérentet, alors Maire de la Commune de Saint-Rambert, homme d'une

(1) M. l'archiprêtre Jean-Baptiste Anier qui avait administré pendant 33 ans avec tant de charité et de dévouement sacerdotal la paroisse de Saint-Rambert, mourut saintement en 1863. Ses funérailles, où toute la paroisse se fit un devoir d'assister, eurent lieu le 28 m..rs. Il était âgé de 69 ans. La pierre tombale de ce digne et regretté pasteur, se voit au cimetière paroissial, non loin de la grande croix. N'oublions pas de prier pour lui.

grande intelligence des affaires, d'une énergie
d'action peu commune, il sut grâce à sa haute
influence, préparer le succès aux démarches faites
auprès des Supérieurs de l'Institut des Petits Frères de Marie, pour en obtenir trois religieux (1).

Comme il arrive à toute œuvre inspirée par
Dieu, et créée sous son regard divin, les débuts de
l'Œuvre de l'Ecole des Frères furent humbles et
précaires. Mais, lorsque les jours d'épreuves
furent passés, Dieu la bénit, et lui envoya la prospérité qui, depuis cette époque, lui est restée fidèle.

Le premier directeur de notre école de petits
garçons, fut le cher frère Herman. Il eut pour
adjoints les frères Marc, Savinien et Evroule.

Le cher frère Herman, dont le dévouement
envers les enfants, l'intelligence administrative,
et la paternelle direction avait fait de son Ecole,
un établissement modèle, et que ses Supérieurs
appelaient à un poste de récompense, quittait
Saint-Rambert en 1859, regretté de tous ceux qui
l'avaient connu et estimé.

Le cher frère Amphien, qui le remplaça ne fit
pour ainsi dire, que passer à Saint-Rambert,
puisque au bout d'une année de direction, c'est-
à-dire en 1860, il était déjà remplacé dans ses
fonctions par le cher frère Cléophas.

(1) M. Louis Gérentet notaire, mourait le 22 avril 1882,
à l'âge de 61 ans. Il avait administré pendant 18 années, la
commune de Saint-Rambert-sur-Loire.

Malgré le séjour relativement court que le frère Amphien fit au milieu de ses chers écoliers, sa figure sympathique, l'amabilité de son caractère, sa bonté de père envers les enfants, sont encore vivants dans le souvenir de ses anciens élèves, qui aujourd'hui, pour la plupart, accomplissent leur demi-siècle.

Le cher frère Cléophas qui lui succéda, ne fut lui-même à la tête de notre école, que pendant trois années. En effet, au mois de Septembre 1863, appelé par ses Supérieurs à d'autres fonctions, il quittait, les larmes aux yeux, sa chère Ecole de Saint-Rambert, emportant avec lui, les regrets de tous.

Le successeur du cher frère Cléophas fut l'excellent et l'inoubliable frère Tertullien, qui pendant plus de trente ans, de 1863 à 1894, s'est dévoué à l'instruction de l'enfance avec un zèle et une douceur qui n'eurent d'égaux, que son expérience et ses connaissances dans l'art d'initier les élèves aux principes de la grammaire, de l'arithmétique, comme aux vérités de notre sainte religion. Nous savons qu'il fut plusieurs fois félicité par MM. les Inspecteurs d'Académie, au sujet de sa méthode d'enseignement, et des résultats féconds qu'elle obtenait. Les nombreux élèves que son abord facile, sa bonté native, son amour de l'enfance et de la jeunesse, aussi bien que sa science de professeur, réunissaient, alors, autour de lui, appartiennent aujourd'hui à la génération d'hommes

dont l'âge varie, entre vingt et quarànte ans. Ils
lui sont tous restés fidèles, par le souvenir et la
reconnaissance. Et lorsque la mort vint frapper,
après une douloureuse maladie, ce frère aimé de
tc us, et des élèves et des parents, il n'en est pas
un qui ne sentît le chagrin envahir son âme, pas
un qui n'eût dans les yeux des larmes amères,
celles que l'affection et la reconnaissance font
couler.

Les funérailles de ce regretté directeur de notre
Ecole, eurent lieu le 20 août 1894, au milieu d'une
grande foule de parents, d'élèves et d'amis, qui
avaient tenu à accompagner l'humble religieux
à sa dernière demeure, pour lui donner encore un
témoignage d'estime et d'affection.

Cette cérémonie fut le plus bel éloge funèbre
du regretté cher frère Tertullien. Ce ne sera point
la dernière fois, du reste, que nous verrons la
plupart des familles de la paroisse donner une
éclatante preuve de leur attachement et de leur
estime, pour les pieux maîtres auxquels elles con-
fient l'éducation et l'instruction chrétiennes de
leurs enfants.

En effet, en 1898, le bon frère Servilius qui,
pendant 24 ans, avait été le digne adjoint du cher
frère Tertullien, après avoir dépensé pendant ce
quart de siècle, ses forces, sa santé, son dévouement à remplir les fonctions pénibles et peu
attrayantes de professeur de lecture et d'écriture,

mourait victime de son devoir le 26 Mai, comme sait mourir un bon religieux. Il s'était attiré l'estime et l'affection de tout le monde par son aménité, son caractère toujours gai, par sa parole toujours encourageante et surtout par sa manière particulière, à lui, d'aborder les gens, de se mêler à eux, de s'inquiéter de leurs travaux, de leur santé, de se mettre, en un mot, à leur portée, fidèle observateur, ainsi, de la maxime de l'apôtre Saint-Paul : « Se faire tout à tous », « *Omnia omnibus factus sum* ».

Ses funérailles eurent lieu le 28 mai 1899, au milieu d'un grand concours de parents, d'élèves et d'amis, sur le visage desquels une profonde tristesse révélait assez le deuil de cœurs reconnaissants.

A Saint-Rambert, les élèves des bons frères Maristes, formés à l'école de la foi et de la reconnaissance chrétiennes, garderont un pieux souvenir de ceux qui furent leurs maîtres dévoués. Mais ils inscriront en lettres d'or, dans leur cœur, les deux noms particulièrement chers de Tertullien et de Servilius.

Mieux que cela, en se souvenant, ils sauront prier et bénir.

Le successeur du regretté cher frère Tertullien est le très cher frère Gémellin, qui, depuis cinq ans, dirige notre Ecole avec autant de dévouement et de succès que ses dignes prédécesseurs.

§ III

La nouvelle Ecole. — Cérémonie de la bénédiction.

Pendant de longues années, les chers frères Maristes exercèrent leurs fonctions d'instituteurs, dans l'ancien et magnifique local de la rue Gonyn.

Mais, depuis quinze ans, ils n'habitaient plus qu'une maison peu digne d'un chef-lieu de canton, fort incommode et absolument insuffisante à recevoir leurs nombreux élèves (1).

Deux classes avaient été ménagées dans un bâtiment aux dimensions très restreintes, et c'est à peine si les cent élèves de nos Frères Maristes s'y trouvaient à l'aise pour travailler. Et quand, sortis de l'école, ils voulaient prendre leur récréation, on les voyait, tous les jours, s'ébattre dans une rue étroite, constamment encombrée par les passants.

Aussi bien, dès son arrivée dans la paroisse (2) M. l'Archiprêtre Signerin s'était-il préoccupé de cette situation intolérable, et pour les maîtres et pour leurs élèves. Alors, mettant tout son dé-

---

(1) Cette maison, située rue Sauzéa, et qui eût fait une école convenable avec ses deux classes, si les améliorations projetées, d'abord, avaient été mises à exécution, fut généreusement cédée, en 1884, par feu Mme William Neyrand, bienfaitrice de la paroisse, à M. le chanoine et archiprêtre Subtil, au profit de l'œuvre des écoles libres.

(2) En août 1896.

vouement et toute son expérience (1) au service
d'une œuvre, qui est bien la première des œuvres
paroissiales, aidé des sages conseils d'un Comité
composé d'hommes dévoués, et ayant une connais-
sance consommée des affaires, encouragé par les
dons les plus généreux, il faisait, il y a un an,
l'acquisition d'un terrain offrant les meilleures
conditions pour une installation d'école.

Ce lot de terre situé à quelques pas des nouveaux boulevards, et tout près de la place dite
« Champ de Foires », mesure quatorze cents
mètres carrés. C'est dire, qu'il comprend un espace assez vaste pour que bâtiment et dépendances
y soient à l'aise.

Mais l'acquisition d'un terrain, dans le projet
d'une construction d'école, n'est que le premier
pas dans la voie difficile qu'il faut suivre pour
arriver à la réalisation de simples désirs.

M. l'Archiprêtre voulait bâtir..., mais pour oser
mettre les unes sur les autres, les pierres qui
devaient parfaire la belle construction que nous
admirons maintenant, il fallait avoir, en réserve,
de grosses ressources. Le pasteur zélé, connais-
sant la charité de ses paroissiens, et leurs sentiments d'estime et d'affection pour les Petits Frères
de Marie, se mit donc en route, et chercha autour
de lui des âmes compatissantes qui voulussent

(1) M. l'Archiprêtre avait déjà bâti, en 1892, l'école libre
des Frères Maristes de Chevrières (Loire).

bien prendre pitié de l'état précaire, dans lequel
se trouvaient les élèves de l'ancienne Ecole. Il
n'eut pas de peine à les trouver. Car à Saint-
Rambert, on a du cœur, et dans ce cœur il y a
une grande foi et une grande charité.

Et, lorsque les souscriptions et les dons eurent
parfait la somme nécessaire pour créer l'œuvre,
on se mit au travail. Les fondations de la future
Ecole, creusées vers le milieu de Septembre 1898,
reçurent bientôt les premières pierres de ses
murs. Et les travaux dirigés par un architecte
habile, exécutés par des ouvriers consciencieux,
étaient achevés à la fin de Septembre 1899. On
avait mis du temps, mais on avait fait un beau et
bon travail.

Aussi bien, le 2 Octobre, les chers Frères pre-
naient possession du premier étage de l'immeuble,
en même temps que leurs élèves recevaient, ce
même jour, leur première leçon dans les nou-
velles classes, et se livraient à leurs premiers ébats
sur la nouvelle terrasse (1).

_____

(1) Le bâtiment où est installée la nouvelle Ecole, pré-
sente une surface de 26 mètres de longueur, sur 8 m. 70
de profondeur. Les trois classes, qui y ont été aménagées,
sont spacieuses et bien disposées. La terrasse où les enfants prennent leurs récréations, mesure 521 mètres carrés
de surface. Une véranda, pour abriter les élèves aux jours
mauvais, et un petit jardin complètent les dépendances de
l'immeuble, qu'une belle grille en fer forgé protège du
côté du boulevard.

C'est cette Ecole libre, où l'on apprend à aimer Dieu, la France et la famille ; c'est cette Ecole, où l'enseignement du catéchisme va de pair avec l'enseignement de la grammaire et de l'arithmétique ; c'est cette Ecole chrétienne enfin, que M. le Vicaire général Bonnardet est venu bénir le Dimanche, 15 Octobre 1899.

A 8 heures du matin, une Messe solennelle était chantée dans la vieille église romane, dont la paroisse est fière. La chorale des jeunes gens prêtait son dévoué concours.

Puis, à 10 h. 1/2, avait lieu la cérémonie de la bénédiction de l'Ecole. A l'entrée des nouveaux bâtiments, avait été dressé un arc de triomphe, fait de feuilles et de fleurs. On y lisait les paroles du divin Maître : *Laissez venir à moi les petits enfants.* Des sapins, plantés à profusion dans la cour, formaient un dôme de verdure du plus pittoresque effet. La façade extérieure de l'édifice disparaissait sous les guirlandes vertes, les fleurs et les drapeaux. Au centre, et au-dessus de chacune des principales portes donnant accès dans les classes, de larges banderoles montraient les inscriptions de circonstance : *Religion, Patrie, Travail ! — Aux bienfaiteurs, merci !* — Ces décors bien conçus et disposés avec goût, tout en donnant un ton de gaîté à la fête, servaient à rendre plus visible et plus saillante une immense croix de verdure et de fleurs, placée au-dessus de l'image de saint Rambert peinte sur un vaste écu héraldique.

A l'intérieur, les cloisons ont été enlevées. C'est donc, maintenant, une immense salle, aux murs entourés d'une large ceinture, tressée avec des aiguilles de sapins. Leur vert foncé fait vivement ressortir les mille festons roses d'églantines, qui courent le long des parois blanches des murailles chargées, elles-mêmes, de drapeaux tricolores, que soutiennent vingt écussons, bleu de ciel.

Cinq cents personnes sont massées dans la vaste enceinte, en face d'une estrade ornée de tentures, dont le rouge grenat se marie, admirablement, avec l'or des franges et du décor.

Cent autres spectateurs ont dû, faute de places, se grouper à l'extérieur.

Monsieur le Vicaire général, entouré du clergé(1) de la paroisse, de M. le curé de Saint-Just-sur-Loire, et de M. le curé de Sury-le-Comtal, en habit de chœur, de MM. les membres du Comité de l'Ecole des Frères, de MM. les Fabriciens et bienfaiteurs de l'Ecole, du cher Frère Visiteur, fait son entrée pendant que la chorale des jeunes gens chante un chœur de « Bienvenue » au distingué représentant de Son Eminence le Cardinal Coullié.

(1) M. le curé et ses deux vicaires : MM. les abbés Flacher et Faure.

M. l'Archiprêtre de Saint-Rambert monte alors sur l'estrade. Et dans un discours plusieurs fois applaudi, il rappelle les incommodités, l'insuffisance de l'ancienne Ecole, et fait l'histoire intéressante de l'œuvre nouvelle. Il rend un juste hommage à l'homme intelligent et dévoué, qui a été l'âme de cette œuvre capitale : M. Emile Crozet-Barban, rappelé à Dieu avant la fin des travaux. Il dit, enfin, merci de leur dévouement, de leurs sacrifices à tous les bienfaiteurs, à tous les amis de l'Ecole, aux maîtres dévoués, et aux parents fidèles.

Le R. P. Geoffray, Missionnaire apostolique de Lyon, dont la parole éloquente est toujours si goûtée à Saint-Rambert, monte à son tour à la tribune et dans un discours, ici tout de feu, là plein d'enjouement, mais toujours rempli de bons sens pratique, repose cette question : Pourquoi une école nouvelle? — Et sur ce thème, il trouve occasion de répondre à quelques-unes des objections que font, à la religion et à son enseignement, les adversaires du Catéchisme et de la Croix. Il exalte la nécessité et la supériorité de l'éducation religieuse, donne des conseils très pratiques aux parents, et rappelle aux enfants leurs devoirs d'écoliers; enfin, termine son allocution par des vœux de prospérité pour la nouvelle Ecole.

Monsieur le Vicaire général clôt, alors, la série des discours, en remerciant M. l'Archiprêtre,

de l'œuvre utile qu'il a su, malgré de graves
difficultés, sagement conduire et merveilleuse-
ment achever. Il adresse, dans un langage aussi
délicat qu'élevé, un mot aimable à tous ceux qui,
de près ou de loin, par leurs dons ou par leurs
souscriptions, par leurs sacrifices ou par leurs en-
couragements, ont facilité la tâche difficile du
pasteur zélé de la paroisse. Il assure que Son Eminence le Cardinal, auquel est on ne peut plus
chère, l'œuvre des écoles chrétiennes, assiste de
cœur à la cérémonie. Enfin, il appelle les bénédictions de Dieu sur la semence jetée dans une
terre bien préparée, et souhaite qu'elle porte des
fruits abondants.

Et la chorale des jeunes gens, met fin à la cérémonie par l'exécution, vivement applaudie, d'une
hymne à la Patrie, pendant que Mesdames les
Patronesses de l'Œuvre des écoles libres quêtent,
dans les rangs pressés des assistants, dont la
bourse s'ouvre généreuse, au profit de l'éducation
religieuse de l'enfance.

Faites, ô Vierge immac..lée qui étendez vos
mains maternelles vers nous, du haut du trône
où vous ont placée, la piété et la générosité de la
Congrégation de la paroisse (1), faites ô Marie, Mère
de Jésus, que l'obole versée, en ce jour, avec tant

(1) La statue de la Vierge immaculée, placée au fron-
tispice de l'Ecole, est un don généreux de la Congrégation
des enfants de Marie de la Paroisse.

de bonheur dans la main du Pasteur chargé de l'âme des enfants, faites que cette obole du sacrifice et de la charité, rapporte le cent pour un, dans l'intérêt de l'œuvre bénie que nous vous consacrons, en cet inoubliable jour!

En attendant que la nouvelle Ecole, continuant les succès consacrés, depuis de longues années déjà, par son aînée de la rue Sauzéa, donne à la paroisse de Saint-Rambert des hommes instruits et des chrétiens généreux, voici les discours prononcés par M. l'Archiprêtre et par le R. P. Geoffray. La lecture de ces pages éloquentes et pleines de conseils utiles, ne pourra que profiter aux parents et à leurs enfants.

§ IV

Discours de M. l'Archiprêtre.

MONSIEUR LE VICAIRE GÉNÉRAL,

Au début de cette cérémonie de la bénédiction de notre nouvelle Ecole, laissez-moi vous souhaiter la bienvenue, et vous offrir, au nom du clergé de Saint-Rambert, et des prêtres amis ici présents, au nom des très honorables membres de notre Comité des Ecoles libres, au nom de tous nos dévoués Frères Maristes, et de tous nos paroissiens, l'hommage respectueux de notre reconnaissance, pour avoir bien voulu faire trêve,

pendant quelques heures, à vos graves et nombreuses occupations, et daigné présider notre
modeste fête de famille.

Vous êtes ici, Monsieur le Vicaire général, l'in-
signe représentant de Son Eminence le Cardinal
Archevêque de Lyon, notre bien aimé Pontife.
Nous vous prions de lui porter, à votre retour,
l'assurance de notre profond respect, et aussi, de
notre entier dévouement.

Vous allez bénir notre nouvelle Ecole, Monsieur
le Vicaire général, et notre joie est grande ; car
nous savons que votre bénédiction porte bonheur.

Que le Dieu, dont les petits enfants vont apprendre ici, à connaître le nom, à aimer la doc-
trine sainte, à pratiquer la morale pure, que le
Dieu bon, daigne entendre les prières que vous
allez lui adresser !

Que par votre ministère, il nous accorde l'in-
signe grâce de ne voir sortir, jamais, de ce sanc-
tuaire de la religion et du travail, que des bons
chrétiens, des chrétiens capables de faire plus
tard de courageux soldats, d'excellents pères de
familles, et des citoyens dévoués à leur patrie.

CHERS PARENTS,

Vous êtes les premiers invités à cette fête de
famille, aussi bien, est-ce à vous que je m'adres-
serai, tout d'abord.

Mon premier mot sera pour glorifier l'œuvre

magnifique qui est sous vos yeux, et dont vous
êtes fiers, à bon droit. C'est, en effet, l'œuvre par
excellence, l'œuvre utile avant toute autre, l'œuvre de laquelle dépend le bonheur de vos familles.
Sans l'école, et l'école chrétienne, que devien-
drait l'enfance, que deviendraient son instruction,
son éducation et sa moralité !

Et, si les Maîtres de l'instruction et de l'éducation de vos enfants manquaient de salles pour y
donner leurs leçons ; ou, si les locaux, offerts à
leur dévouement, n'offraient rien de ce que réclam-
ment les besoins spéciaux de l'art d'élever les enfants, comment donc se pourrait résoudre le problème de la formation de l'âme de l'enfance, et
du développement de ses facultés intellectuelles,
physiques et morales ?

Ce problème, chers parents, a été, vous n'en
doutez pas, l'objet de nos soucis les plus vifs,
depuis que nous sommes au milieu de vous.

En effet, à notre arrivée dans cette grande paroisse, nous voyions avec peine nos bons Frères
Maristes manquer de ce qui est absolument nécessaire à la bonne formation de leurs élèves.
Pendant longtemps, ils ont été réduits à désirer
des locaux commodes et spacieux, pour y recevoir
chaque année leurs cent élèves. Et, combien était
modeste l'installation et des écoliers et des Maîtres !

Après les heures de travail, il faut à l'enfant les

heures d'une bonne récréation, pendant laquelle il puisse s'ébattre et détendre son esprit fatigué. Or, vous vous en souvenez, les petits élèves de nos Frères, privés de terrasse, étaient obligés de prendre leurs ébats, ou dans un corridor sombre et resserré, ou au milieu des rues étroites et encombrées qui entourent l'ancienne Ecole. Et, c'est à peine s'ils avaient un peu de cet air pur dont leurs poumons ont tant besoin, pour respirer à l'aise ; un peu de cet espace libre, si nécessaire à leurs jeux bruyants. Encore, ne pouvaient-ils sortir dehors, se livrer à leurs amusements sans courir le risque d'être heurtés par les passants, et bousculés par les attelages, maîtres de la rue.

Aujourd'hui, chers parents, la solution du grave problème est trouvée. Et, cette heureuse solution nous la devons autant à l'intelligence pratique, au dévouement éclairé, à l'ardente action, de feu M. Emile Crozet, l'âme et la vie de notre Comité, qu'aux généreuses souscriptions et aux dons encourageants de nos dévoués bienfaiteurs. Et, puisque je viens de prononcer le nom de notre cher Président du Comité des écoles, qu'il me soit permis d'exprimer, ici, nos profonds, nos vifs regrets d'avoir perdu cet homme de bien, trop tôt enlevé à ses amis nombreux, à sa famille éplorée, et au moment même où ses conseils et son expérience étaient si nécessaires à notre œuvre.

On pourrait dire que les malheureux perdirent
en M. Emile Crozet leur soutien, et les œuvres
utiles à la société, leur direction et leur vie, si les
traditions de bienfaisance et de dévouement qui
se gardent depuis longtemps dans la très honora-
ble famille Crozet-Barban, n'assuraient la perpé-
tuité des bonnes œuvres des pères.

. A voir le bel aspect de notre école, vous pour-
riez peut-être croire que nous avons dissipé, mal
à propos, les ressources de la charité. Ne le croyez
pas. — En nos mains, l'obole du travailleur
comme la pièce d'or du riche, ont été chose sa-
crée. Nous en avons usé sans parcimonie, mais
en sages et fidèles économes.

Sous la haute direction des hommes compétents
et dévoués, dont est composé notre Comité des
écoles libres ; entre les mains d'un architecte con-
sommé dans son art, et par le travail d'ouvriers
expérimentés et laborieux, nous sommes arrivés
à bâtir, je ne dis pas, un palais scolaire, mais une
école vaste, bien aérée, convenablement aména-
gée et située admirablement.

Voyez, en effet, comme elle s'encadre gracieu-
sement, et se donne bonne façon, entre notre
nouveau boulevard, et la belle et spacieuse terrasse, où les enfants, à l'abri de tout danger
physique et moral, pourront désormais, sous le
regard vigilant de leurs maîtres, prendre toutes
leurs récréations.

Mais ce qui attire surtout l'attention, ce sont ces trois superbes classes ouvertes aux élèves de nos chers Frères. Leurs grandes proportions, leur aération parfaite, les hautes et nombreuses fenêtres par où les rayons du soleil pénètrent chauds et brillants, leur mobilier très complet vous sont une garantie, chers parents, du bien-être que vos enfants trouveront ici.

L'Evangile, qui est l'école de toute justice, nous dit que nous devons rendre l'honneur à qui est dû l'honneur, comme aussi, le mérite à qui est dû le mérite.

Aussi bien, me faisant, aujourd'hui, l'interprète de toute la paroisse reconnaissante, osé-je dire à tous les bienfaiteurs de notre Ecole, aux membres dévoués de notre Comité, à ceux qui ont souscrit pour des sommes d'or, comme à ceux qui ont offert le salaire d'une journée de labeurs, à tous suis-je heureux de dire le plus cordial merci ! Si la paroisse de Saint-Rambert est dotée, à cette heure, d'une magnifique école chrétienne, c'est grâce aux générosités des uns et aux sacrifices des autres.

Et, ce qu'il y a d'encourageant pour vous, chers parents, c'est que cette Ecole s'ouvre gratuite au profit de vos enfants.

Ce n'est pas que ces murs se soient élevés tout seuls, et comme par enchantement. Ils ont bien été payés par ceux qui les ont commandés ; et

ceux-là, Dieu les connaît pour les récompenser
de leurs aumônes. Nous les connaissons aussi et
c'est pour cela que nous voulons redire, une fois
encore, le mot de la reconnaissance : Merci !

Ce n'est pas, non plus, que cette œuvre de notre
Ecole libre de petits garçons ait des rentes qui
assurent son avenir ; car chaque année, il nous
faudra tendre la main auprès de vous, chers
paroissiens, pour lui assurer sa vitalité.

Mais cette Ecole est gratuite pour vous, chers
petits enfants, afin que vos parents, dont le travail est si peu rémunérateur, ne voient point leur
budget grevé par les dépenses de votre instruction ;
afin que cette gratuité les laisse libres de vous
envoyer plus longtemps auprès des Maîtres religieux et dévoués, qu'ils vous ont choisis.

Vos Maîtres religieux et dévoués... Mais en
offrant mes remerciements les plus sincères à tous
ceux qui, de près ou de loin, nous ont aidé à l'édi-
fication de cette nouvelle Ecole, je n'aurai garde
de les oublier.

N'ont-ils pas droit à notre gratitude, à la vôtre
plus particulièrement, chers parents, ces bons
Frères de Marie, pour le dévouement chrétien
qu'ils mettent au service de vos enfants !

Ne m'en voulez pas, chers Frères, de vous avoir
appelés les derniers à l'honneur de recevoir le
témoignage de nos sentiments reconnaissants,
vous qui, cependant, êtes les premiers à la peine.

Je voulais que les marques de notre sympathie pour vous, fussent plus éclatantes au milieu de cet auditoire. Je voulais que tous, petits et grands, disent bien haut, avec moi : Vivent les excellents Frères de Saint-Rambert !

Et maintenant, chers parents, que vous dirai-je qui puisse vous intéresser ? — Je n'irai pas chercher bien loin la matière de mon discours. — Les enfants nous préoccupent en ce moment, ils sont comme les rois de la situation, eh bien, parlons des enfants. Cette question est on ne peut plus opportune ; et elle est toujours si intéressante.

(A). — Dignité de l'enfant. — Respect qui lui est dû.

Il y a, en effet, dans l'enfant une grande dignité qu'il faut reconnaître et respecter. Les anciens le savaient bien, puisqu'ils disaient : *Maxima debetur reverentia puero.* On doit un très grand respect à l'enfant. Oui, et parce qu'il est la forme la plus vraie, l'image la plus pure de Dieu, son Créateur.

A sept ans, à dix ans, l'âme de l'enfant est encore vierge de ces rides sinistres qui, conséquences inévitables du vice, la défigurent en lui enlevant les traits de la Divinité.

Regardez un petit enfant, et vous verrez jaillir de ses yeux limpides comme des reflets du ciel, reflets mystérieux et puissants à la fois, qui attirent les cœurs simples, et tiennent à distance les intentions criminelles.

Et c'est précisément parce que l'enfant porte Dieu dans son âme, pure de toutes faiblesses, que vous devez, chers parents, le regarder comme l'être béni de la famille, l'être le plus digne de votre respect et de votre chrétienne affection. Je ne sais plus quel saint personnage a dit ces mémorables paroles : « Si je rencontrais sur mon chemin un ange et un prêtre, je commencerais à saluer le prêtre avant de saluer l'ange. » Eh bien, ce qui a été dit du prêtre par respect, on peut le dire de l'enfant, et pour le même motif. Pour moi, s'il m'arrivait d'avoir la bonne chance de faire rencontre d'un petit enfant accompagné de son ange gardien, je vous avoue que je n'hésiterais pas à offrir mon premier salut à l'enfant. Et pourquoi? parce que l'enfant, comme le prêtre, est l'ostensoir vivant de la Divinité.

Ah! pères et mères, puissiez-vous graver profondément dans vos esprits cette vérité, savoir : qu'un enfant élevé par vous sous le regard de Dieu qu'il sait aimer, et dans le sein de la religion qu'il pratique, est un être plus digne de vénération qu'un de ces séraphins qui, tout de flamme et de gloire, entourent le trône de Dieu. Ceux-ci, créés par Dieu dans un état de justice et de sainteté, ne lui ont coûté qu'une parole de son Verbe. Celui-là, venu au monde entaché de la faute originelle, lui a coûté tout le sang de son Fils. Aussi, voyez comme ce Fils, pendant sa vie mortelle,, recherche et aime les enfants ! Et quand il surprend ses disciples à les rudoyer et à les éloigner de lui, entendez la parole qui sort de son cœur infiniment bon : *Laissez venir à moi les petits enfants.*

Le Verbe de Dieu s'abaissant lui-même, jusqu'à prendre la forme d'un petit enfant pour venir à nous ; et plus tard, étendant ses deux bras vers l'innocente enfance pour la couvrir de ses divins baisers, chers parents, en faut-il davantage pour vous convaincre du respect que vous devez à vos enfants ?

Ah ! encore, puissiez-vous être, désormais, si profondément pénétrés de la dignité de ces êtres chéris, que jamais vous ne disiez rien, vous ne fassiez rien qui soit de nature à souiller leur âme, et à lui ôter l'éclat du rayon divin qui fait sa beauté !

Du reste, en dehors de cette grande dignité de l'enfance, qui commande, autour d'elle, la réserve et le respect, je vois une triple auréole au-dessus de la tête de tout enfant, qu'il soit né dans un palais ou sous le toit d'une chaumière ; et cette auréole de bon augure, c'est l'espérance, c'est la gloire, c'est le bonheur qui la lui forment à l'envi.

(B). — L'enfant, espérance du foyer.

« Oui, d'abord, l'enfant c'est l'*espérance de votre foyer*, pères et mères, comme la fleur annonce le fruit, comme l'aurore présage le jour. On savoure les fruits que l'automne a dorés ; on jouit sous un ciel bleu plein de soleil. Eh bien, avouez que vous savourez déjà par avance les succès que vous promettent, à l'avenir, vos enfants. Dites que vous jouissez déjà de les voir, bientôt, dans des positions où ils sauront, avec leur intelligence et leur cœur, perpétuer avec éclat votre nom, votre probité et votre foi. Vous comptez déjà sur eux. Le ciel, parfois si sombre d'un trop dur présent, s'illumine, à cette heure, du soleil de l'avenir. Déjà, enfin, vous voyez votre lourde vieillesse appuyée sur leur filial dévouement.

« Et, vous avez raison, car vos enfants sont bien à vous, parents chrétiens. Et c'est bien pour vous qu'ils veulent travailler, souffrir, mourir s'il le faut plus tard.

« Je salue donc, aujourd'hui, en ces êtres chéris toutes les espérances de votre vie. Je comprends vos rêves, ô mères chrétiennes, près du berceau de ces idoles de vos cœurs ; et loin de trouver trop ambitieux vos désirs de les voir un jour artisans fortunés, hommes de sciences ou de lettres, soldats sans peur, prêtres saints à l'autel, heureux et puissants, je respecte ces désirs de vos cœurs de mères, et je vous dis : Ce n'est point assez. — Vos enfants, marqués du sceau divin du baptême, seront plus grands encore, plus illustres que vos rêves ne les ont faits. Ils seront un jour « héritiers du royaume des cieux ».

(C). — L'enfant, c'est la gloire de la Patrie.

« L'enfant, *c'est la gloire de la patrie.* Et en effet, qui donc plus tard, aux heures terribles des luttes meurtrières, alors que les plis sacrés du drapeau ont été outragés, ou que le sol de la patrie a été foulé indignement par des hordes ennemies, qui donc saura défendre, de son épée, l'étendard de la nation? Qui donc ira à la frontière faire, de sa poitrine, un rempart contre les coups des envahisseurs? Qui, enfin, versera son sang pour protéger votre foyer, votre vie? — Cet enfant qui aura combattu ses premiers combats sur le pacifique terrain du catéchisme et de la grammaire, et dont cette enceinte, seule, aura connu les paisibles victoires. — Oui, cet enfant qui aura grandi sous vos yeux, apprenant de vous, pères et mères, à obéir et à aimer son pays, et de vous, Frères pieux, à se dévouer et à aimer le Dieu du Calvaire.

« Et si, par un heureux caprice du sort, cet enfant reste au foyer de la famille, pensez-vous que toute gloire va lui échapper? Non, ne le croyez pas. Voyez-le, en effet, une fois devenu homme, se créer par son travail obstiné et son intelligence une haute position parmi les classes laborieuses et industrielles. Et, puisque sa main n'a pu tenir l'épée, elle maniera, du moins, adroitement la charrue, et lui fera un nom dans l'art de cultiver et de fertiliser la terre.

« Ce n'est pas tout. Cette main habile, guidée
par le génie, pourra enrichir les arts d'incompa-
rables chefs-d'œuvre de sculpture et de peinture ;
les lettres, de pages immortelles ; l'industrie, d'in-
ventions merveilleuses ; le commerce, de riches
transactions.

« Que dis-je, chers parents, l'armée, l'agricul-
ture, l'industrie, le commerce, ne sont pas les
seuls champs d'action où les facultés de vos enfants peuvent s'exercer. La religion et l'Eglise, qui
ont bien quelque droit à leurs âmes qu'elles ont
formées, leur ouvrent les bras avec leurs trésors
de science et de charité ! Qu'ils viennent y puiser
à pleines mains ! Et s'ils veulent être diligents et
vertueux, Eglise et Religion leur promettent la
plus éclatante, la plus pure de toutes les gloires :
celle de travailler au salut de leurs frères, comme
le prêtre, ou de donner leur vie pour eux, comme
le martyr.

(D). — L'enfant, c'est le bonheur de la famille.

« Enfin, *l'enfant c'est le bonheur de la famille.*
J'en appelle à votre douce expérience, mères, qui
que vous soyez. Que le ciel vous ait placées
dans les tribulations de la pauvreté, ou qu'il vous
ait favorisées d'une modeste aisance, riches ou
indigentes, n'est-il pas vrai que l'enfant qui, sous
vos yeux, joue, travaille, souffre, grandit, n'est-il
pas vrai que cet enfant fait le bonheur de votre

vie ? Qu'importe que son frêle corps soit ceint de pourpre ou couvert de haillons ; il vit, il vous regarde, il vous sourit, il vous parle, il se nourrit de votre vie même..., et c'est tout cela qui vous console d'un présent, peut-être triste et dur. C'est tout cela qui vous ouvre et vous prépare un avenir doux et riant.

« Oui, mères chrétiennes qui m'écoutez, ne murmurez pas lorsque le ciel vous envoie nombreux, ces anges de votre foyer. Aux familles nombreuses les bénédictions de la terre sont assurées, comme autrefois aux familles patriarcales. Les enfants que le bon Dieu vous donne sont votre joie sur cette terre, et un jour, ils seront les joyaux de votre couronne immortelle.

« Mais pendant que vous les avez autour de vous, gardez-les bien innocents, bien purs. Ne permettez pas qu'aucune souillure vienne ternir la blancheur de leur âme angélique.

« Rappelez-vous que l'enfant, chef-d'œuvre de Dieu, a droit après le baptême, à une éducation chrétienne ; et que votre devoir, en tant que représentants de l'autorité divine sur la terre, est de perfectionner cette délicate création, laissée à dessein, imparfaite par Dieu.

« C'est, du reste, la mission des parents et des maîtres chrétiens, d'achever, les premiers, par leurs bons exemples, les seconds, par leurs doctes leçons, l'éducation de l'enfance.

« Oui, chers parents, l'enfance, par sa grande
dignité, par la triple auréole de l'espérance, de la
gloire et du bonheur qui brille sur son front,
l'enfance mérite qu'on s'occupe d'elle, qu'on
dirige ses pas indécis dans le sentier de la vie,
qu'on brise sa volonté à l'obéissance, qu'on forme
son jugement aux choses sérieuses, qu'on ouvre
son intelligence aux vastes horizons de l'art et de
la science. Mais elle mérite, surtout, qu'on forme
son cœur aux solides vertus chrétiennes, aux
leçons de morale évangélique. Or, il n'y a que
des parents pieux, des maîtres croyants qui soient
capables d'une aussi difficile formation.

**(E). — La vraie éducation de l'Enfance est dans
l'accomplissement de ses devoirs envers Dieu,
le prochain, elle-même.**

« Et maintenant voulez-vous savoir en quoi
consiste cette formation ou plutôt cette éducation
de l'enfance, parents et maîtres qui en êtes char-
gés? Ecoutez ce conseil de l'apôtre saint Paul
aux pères de famille de la ville d'Ephèse : « *Pa-*
« *tres... educate filios in disciplinâ et correctione*
« *Domini.* » Pères et mères, élevez vos enfants
dans la loi et dans la crainte du Seigneur.

« Ce qui veut dire : Apprenez de bonne heure
à vos enfants ce qu'ils doivent à Dieu, au prochain
et à eux-mêmes. Ces trois points renferment tout
ce que l'on peut dire sur l'éducation de l'enfance.

Tout homme à qui l'on a fortement inspiré la crainte de Dieu, dès le premier âge, que l'on a accoutumé au travail, dès sa jeunesse, et que l'on a mis à même de remplir ses devoirs de chrétien, celui-là, quel qu'il soit, a été bien élevé. Tout homme, au contraire, à qui l'on n'a point inspiré la crainte de Dieu, que l'on n'a pas accoutumé au travail, et a qui l'on n'a pas appris à se rendre utile à la société, celui-là peut dire : « On ne m'a pas élevé comme il faut. »

Combien de parents ont, aujourd'hui, une façon de penser bien légère et bien peu réfléchie, à ce grave sujet ! Ils négligent le point essentiel de l'éducation, qui est de former le cœur et les mœurs de leurs enfants, pour les occuper à des fadaises, à des riens qui absorbent la meilleure partie de leur temps. J'appelle, ici, riens et fadaises tout ce qui ne rend pas un homme meilleur en soi, et plus utile au vrai bien de ses semblables.

Ils s'imaginent que l'éducation consiste à savoir bien lire, bien écrire et bien calculer, à posséder une certaine délicatesse d'expressions dans le langage, de la distinction dans les formes, de l'élégance dans les manières, et un certain goût pour les arts.

C'est se tromper gravement que de penser ainsi ; c'est prendre l'accessoire pour le principal.

Qu'un jeune homme sache lire et calculer, qu'il sache se présenter d'une certaine façon, que son langage soit châtié, académique même, qu'enfin il soit initié à toutes les amabilités de l'étiquette mondaine, voilà qui est fort bien.

Mais, parce qu'il aura lu dans des livres savants, ou écrit de belles pages, mais parce qu'il aura trouvé la solution des problèmes les plus difficiles, ou qu'il aura triomphé dans un salon, en sera-t-il plus vertueux ? J'en doute. Et l'expérience nous montre, plus souvent, la vertu sous les dehors de la simplicité que sous les apparences du faste.

Oui, qu'on le sache bien, la vraie éducation est celle qui rend le cœur meilleur, les mœurs pures et les âmes vertueuses. Et, je le répète, elle consiste à enseigner aux enfants ce qu'il doivent à Dieu, au prochain et à eux-mêmes.

Voilà vos obligations, chers parents, car Dieu, qui vous a donné vos enfants, ne vous les a pas seulement confiés pour être votre consolation et votre soulagement sur la terre. Il les a mis entre vos mains, afin que vous en fassiez des saints qui le glorifient dans le ciel.

Encore une fois, voilà vos graves obligations. Or, elles renferment trois devoirs spéciaux : l'*instruction*, la *correction*, et le *bon exemple*.

(F). — Instruction.

Que les parents soient obligés d'*instruire leurs enfants*, et quand ils ne le peuvent pas eux-mêmes, de les faire instruire par des maîtres, c'est

là une vérité que la raison démontre aussi bien
que la foi. « Enseignez votre enfant, dit le Sage,
« et instruisez-le de la loi du Seigneur. »

Rien n'était plus recommandé dans l'Ancien
Testament. Aussi voyons-nous Tobie, le père, apprendre à son fils, et dès son enfance, à craindre
le Seigneur et à éviter le mal ; et il est dit du père
et de la mère de la chaste Suzanne que, comme
ils étaient justes, ils l'avaient instruite avec soin
des commandements de Dieu.

Pères et mères de famille, vous êtes les maîtres-
nés de vos enfants. Et c'est à vous à leur donner
les premières leçons de cette science qui est la
base de toutes les autres, la science de la religion.

Dès qu'ils commencent à comprendre, parlez-
leur de Dieu. Mettez ce nom béni sur leurs lèvres,
dès qu'elles sont capables de bégayer une parole.
Que leur frêle main, conduite par la vôtre, s'ac-
coutume, dès les premiers ans, à faire le signe de
la croix, que leurs yeux s'exercent à fixer avec
amour le crucifix, et que leurs faibles pieds aiment
à franchir le seuil de l'église ! Et à mesure que
leur esprit se développe, souvenez-vous qu'il y a
devoir, pour vous, de leur apprendre, d'abord, les
mystères de notre sainte religion, ensuite, leurs
prières, les commandements de Dieu et de
l'Eglise, les actes de foi, d'espérance et de charité, la manière d'assister à la sainte Messe et
tout ce qui concerne les Sacrements.

Mais surtout, mères chrétiennes, inspirez à vos enfants l'horreur du mal. Répétez-leur souvent ces belles paroles de la reine Blanche à son royal fils : « Mon enfant, je vous aime bien tendrement; mais, quelque tendresse que j'aie pour vous, j'aimerais mieux vous voir mourir à mes pieds, que de vous voir commettre une seule faute grave. »

(G). — Correction.

« Pères et mères, dit l'apôtre saint Paul, *corrigez vos enfants* selon le Seigneur. » C'est, du reste, pour cela qu'il vous a revêtus de son autorité. Servez-vous de cette autorité pour les reprendre de leurs défauts ; et si les réprimandes ne suffisent pas, employez les châtiments. Dieu aime ceux qu'il châtie. De même, si vous aimez sérieusement vos enfants, vous ne leur épargnerez pas la correction, et vous n'attendrez pas trop tard pour la leur donner.

Quand un arbre est jeune, on le redresse facilement, mais cela n'est plus possible quand il est devenu vieux. « Un jeune homme, dit la sainte Ecriture, suivra dans sa vieillesse la même route qu'il aura tenue dans ses jeunes années. »

Toutefois, pour que la correction ait son effet, elle doit être prudente, douce et ferme. Punissez à propos et selon le genre de fautes; avec rigueur les actes de malice, et avec indulgence les fautes de faiblesse. On passe quelque chose à la légèreté de l'âge, et on diffère quelquefois la correction pour la rendre plus salutaire.

Tempérez la punition, vous rappelant cet adage fort juste : « On prend plus de mouches avec un rayon de miel qu'avec un baril de vinaigre. » Et surtout, que le coupable sache bien que, si vous le corrigez, ce n'est point par humeur, mais pour son bien.

Néanmoins, soyez fermes. La fermeté jointe à la douceur finit par avoir raison du vice, par déraciner les mauvaises habitudes, et par s'opposer aux inclinations perverses. Ce n'est point assez de reprendre les enfants et de les menacer. Ils s'accoutument facilement aux paroles et aux menaces. Il faut souvent en venir aux effets ; et c'est de cette colère dont le prophète royal dit, qu'elle n'est pas un péché. *Irascimini et nolite peccare.*

(H). — Bon exemple.

Mais la correction et l'instruction sont inutiles si vous n'y joignez *le bon exemple*, chers parents. De belles paroles touchent les cœurs, mais les bons exemples achèvent de les convaincre. La voie la plus courte et la plus sûre pour porter les autres à la vertu, c'est de la pratiquer soi-même. Un enfant ne suppose rien de plus accompli que son père et sa mère, et il éprouve un secret penchant à les imiter. En les voyant pratiquer un acte de vertu, il se dit à lui-même : Mon père, ma mère font cela ; donc je puis le faire. Au contraire, rien ne décourage, rien ne déconcerte un enfant comme le mauvais exemple dans la famille. « Ils me disent de faire telle chose, et cependant ils ne le font pas eux-mêmes, murmure l'enfant témoin des faiblesses de ses parents ; donc ce n'est pas aussi important qu'ils l'affirment ; donc je puis m'en dispenser. »

Pères et mères, prenez donc garde à ce que vous ferez devant vos enfants. Observez-vous, même dans ce qui est permis, mais qui pourrait les scandaliser. Que votre conduite soit comme un miroir où ils voient ce qu'ils ont à faire. Vivez au milieu d'eux d'une manière exemplaire ; édifiez-les par votre exactitude à remplir tous les devoirs de l'honnête homme et du parfait chrétien, et vous les verrez se donner au bien, conquérir l'estime de leurs semblables, et devenir votre joie et votre consolation.

Edifiez, mais veillez aussi ; veillez en tout temps, en tous lieux. Informez-vous des personnes qu'ils fréquentent. Sachez ce qu'ils font de leurs loisirs. Faites attention, surtout, qu'ils ne restent point dans des milieux, où leur vertu et leur religion seraient exposées.

Veillez, mais aussi, parents chrétiens, ayez recours à la prière pour obtenir de Dieu que vos enfants, fidèles à vos remontrances et dociles à vos bons exemples, perpétuent dans la famille les traditions de probité et de foi que vous y avez trouvées établies.

C'est ainsi qu'à votre école, comme à celle des Maîtres chrétiens que vous aurez choisis pour les élever, ils deviendront des hommes utiles à la société, dévoués à leur pays et, surtout, des chrétiens dignes de ce beau nom.

§ V

Discours du R. P. Geoffray.

MESSIEURS, MES FRÈRES,

Vous m'en voudriez si ma première parole dans cette réunion ne réparait pas un oubli de votre bon et zélé Pasteur. Il a remercié, avec tout son cœur, tous ceux qui ont contribué à cette belle œuvre ; je suis donc sûr de répondre à votre sentiment intime, et de me faire votre écho fidèle en lui disant, à mon tour, en votre nom et au mien, *Merci*. Car il a été la cheville ouvrière de toutes les bonnes volontés, le ressort de tous les dévouements. Monsieur le curé, merci. Encore une école, et ,pourquoi ? disent beaucoup de personnes, les unes par haine, les autres par indifférence, et quelques-unes pour suivre le mouvement. Je vais essayer de répondre à ce pourquoi :

La science est à l'ordre du jour, il faut que tous la possèdent. Il nous faut des savants. Je com-

prends ce désir et je veux aussi des savants, beaucoup de savants. Jamais l'Eglise n'a réclamé des
ignorants. Il y a trois sciences : la *science dangereuse*, la *science utile*, la *science nécessaire*.

(A). — La science dangereuse.

La *science dangereuse*, elle, a trouvé des maîtres
et, je l'avoue, elle trouve déjà beaucoup trop de
disciples. Cette science, foulant aux pieds toute
idée surnaturelle, développe l'orgueil humain. Elle
dit à l'adulte : tu n'as plus à respecter l'autorité
paternelle; aux serviteurs : l'ennemi : c'est ton
maître; aux ouvriers : murmurez plus haut; aux
maîtres : soyez impitoyables; aux sujets : révol-
tez-vous; à tous, elle crie : plus de Dieu, plus de
lois divines, la propriété c'est le vol, et le plus
saint des devoirs est de lever et de défendre
l'étendard de la révolte. Cette science forme
l'arme de l'anarchie, vous et moi nous n'en voulons pas.

(B). — La science utile.

Il y a une *science utile*, celle-là comprend toutes
les connaissances qui peuvent enrichir l'intelligence humaine, depuis celle de l'abécédaire où l'on
apprend à lire, jusqu'à la philosophie qui est la
plus élevée. Cette science, il n'y en aura jamais
assez. L'Eglise, nous pouvons l'affirmer encore
une fois de plus, a tout fait pour la propager. Pendant que les peuples barbares pillaient et brû-

laient les bibliothèques, détruisaient le fruit des
labeurs intellectuels, l'Eglise, par ses moines,
copiait et transmettait à la postérité les chefs-
d'œuvre de l'intelligence humaine. C'est elle qui
appelait, la première, les jeunes gens à l'étude de
toutes les sciences utiles. Quand on dit : nous
voulons la lumière, l'Eglise répond : depuis dix-
huit siècles je la répands à profusion. Nous la
voulons gratuite, — mais mes enfants se sont faits
pauvres pour pouvoir la donner aux pauvres, sans
aucune rétribution, et pour obéir à l'ordre de
Jésus-Christ: allez et enseignez. — Certes, nous
demandons que cette science utile se répande de
plus en plus, et que les vrais savants soient, tous
les jours, plus nombreux. Peu de science éloigne
de Dieu et beaucoup y ramène.

(C). — La science nécessaire.

J'ai hâte d'ajouter, cette science utile, si pré-
cieuse soit-elle, ne saurait suffire, il faut la *science
nécessaire*, c'est-à-dire, la science religieuse, et à
côté des livres de la science utile, il faut ce petit
livre de cinq sous qui s'appelle le catéchisme, et qui
contient la science absolument nécessaire, science
que l'enfant doit recevoir en même temps que la
science utile, et qui viendra, ajoutant aux lumières
naturelles les lumières de la foi, former et enrichir son cœur des sentiments délicats et élevés.

Que vous importerait que votre enfant acquière

les hautes notions de la philosophie, s'il oublie ce
précepte : *Tes père et mère honoreras.* Que
vous importe qu'il connaisse les lois de la philosophie et des mathématiques, s'il oublie ce précepte : *Tu ne mentiras pas, tu ne te parjureras
pas, tu ne feras pas de faux témoignages.* — Il
faut cette science religieuse qui apprend à
l'homme à se servir dignement, noblement, de
la science utile. — Vous savez bien que les meilleures choses peuvent devenir nuisibles et dan-
gereuses. — L'épée qui sert à défendre la patrie
peut, entre des mains criminelles, servir à assas-
siner son semblable. L'or, qui sert à récompenser
soit les services rendus, soit la vertu, peut servir
aussi à payer le crime. Vous ne voudriez pas
qu'un jour vos enfants deviennent des criminels
ou reçoivent, d'un cœur léger, l'or qui achèterait
les secrets de la patrie, et serait les trente deniers
de la trahison. C'est pour cela que s'ouvre cette
Ecole, où la science utile accompagnée de la science
nécessaire de la religion, sera donnée à vos enfants par ces Frères que vous connaissez si bien,
et dont je n'ai pas à vous faire l'éloge.

Et maintenant, laissez-moi donner aux parents
quelques conseils — je dirai, et cela surtout aux
mères, veillez à ce que vos enfants soient fidèles
à l'école, exacts à l'heure. On se plaint que les
enfants ne font pas de progrès. Les trois quarts du
temps, c'est que les parents ne sont pas assez sou-

cieux de les y envoyer régulièrement. Ne croyez
pas toujours à ces maladies subites invoquées par
l'enfant. Il y a, vous le savez bien, les coliques
scolaires et les maux de tête classiques.

Ne donnez jamais raison à vos enfants contre
leurs Maîtres. Sachez qu'il faut que le Maître ait
raison. Il peut se faire que, dans les pénibles
moments de l'enseignement, on ait un peu de
vivacité, allons, mères chrétiennes, vous avez
assez souvent vos nerfs pour pardonner aux
Maîtres d'être, par moment, un peu nerveux. Et si
par hasard, vous croyez avoir à faire un reproche,
allez le faire en particulier à l'instituteur, et,
encore une fois, jamais l'enfant ne doit avoir raison contre son Maître.

Et vous, mes enfants, aimez vos Maîtres, aimez-
les, car ils se donnent à vous tout entiers sans
restriction. Ce ne sont point des mercenaires,
mais de vrais Maîtres qui, à l'exemple de Jésus-
Christ, sont prêts à donner leur vie pour leurs
brebis, pour vous, qu'ils aiment de toutes les
affections d'un cœur qui n'a plus d'autres attaches.

Tous, ici, nous sommes heureux de l'ouverture
de cette Ecole où les enfants viendront apprendre
ces deux sciences : l'utile et le nécessaire. Ils en sor-
tiront, un jour, des citoyens, honneur de la patrie,
des chrétiens, honneur de l'Eglise, des hommes
qui porteront avec la même énergie et la même foi,
le drapeau de la France et la croix de Jésus-Christ.

VI

Liste des Directeurs de l'Ecole congréganiste de St-Rambert-sur-Loire et de leurs adjoints, depuis sa fondation jusqu'à nos jours. 1855-1900.

DIRECTEURS	ADJOINTS
Frère HERMAN de 1855 à 1859	Frère MARC Frère SAVINIEN Frère EVROULE
Frère AMPHIEN de 1859 à 1860	Les MÊMES
Frère CLÉOPHAS de 1860 à 1863	Frère PROTAIS Frère PAULUS Frère ALFIER
Frère TERTULLIEN de 1863 à 1894	Frère AGATHONICUS Frère ARÉGIUS Frère SÉLÉCUS Frère ISMAEL Frère DAMASIUS Frère ALBÉUS Frère BLANCHARD Frère CLINIUS Frère JORDANUS Frère SERVILIUS Frère MARIE-VICTOIRE Frère EVERGILE Frère GÉLASIUS Frère AVELLIN Frère MARIE-BORGIA Frère ELPIDE Frère VICTORINUS Frère ARMENTAIRE Frère ELIE-RÉGIS Frère MARUTHAS Frère CASSIODORE Frère EVAGRIUS Frère LYCARION Frère MACÉDO Frère SALOMÉ

DIRECTEURS	ADJOINTS
	Frère SERVILIUS
	Frère GÉMEL
	Frère BENOIT-MARTIN
	Frère ELEUTHÉRIUS
	Frère LOUIS-BERTRAND
Frère GÉMELLIN	Frère JEAN-LÉON
depuis 1894	Frère MARIE-EMILIANI
	Frère PAUL
	Frère MARIE-SÉRAPHIN
	Frère ADOLPHE-ANDRÉ
	Frère EMILE-FRÉDÉRIC
	Frère ARMAND-JOSEPH

Et nomen eorum vivit in generationem et generationem.

Eccli., XLIV, 14.

Et leur nom vivra dans la succession des siècles.

Daigne Dieu, nous conserver toujours nos chères écoles chrétiennes, et nous procurer l'obole de la charité pour les entretenir.

St-Rambert-en-Forez le 8 décembre 1899

FIN

TABLE DES MATIÈRES

LYON — IMP. EMM. VITTE, RUE DE LA QUARANTAINE, 18.

www.ingramcontent.com/pod-product-compliance
Lightning Source LLC
LaVergne TN
LVHW022154080426
835511LV00008B/1382

* 9 7 8 2 0 1 1 2 7 3 2 2 2 *